मनुष्य जैसा सोचता है

As a Man Thinketh

जेम्स एलेन

www.diamondbook.in

प्रकाशक : डायमंड पॉकेट बुक्स (प्रा.) लि.
X-30 ओखला इंडस्ट्रियल एरिया, फेज-II
नई दिल्ली - 110020
फोन : 011-40712200
ई-मेल : sales@dpb.in
वेबसाइट : www.diamondbook.in
संस्करण : 2022

Manushya jaisa sochta hai (As a Man Thinketh)
by : *James Allen* (translated by Aarti Gandhi)

प्रकाशकीय

प्रसिद्ध लेखक जेम्स एलेन की पुस्तक 'एज़ ए मैन थिन्केथ' सन् 1902 में प्रकाशित हुई थी। हमने इसका हिन्दी अनुवाद और संशोधित संस्करण प्रकाशित किया है। हिन्दी पाठकों के लिए यह एक बड़ी उपलब्धि है।

ब्रिटिश दार्शनिक लेखक जेम्स एलेन का जन्म इंग्लैंड के लीसेस्टर में 28 नवंबर, 1864 को हुआ था। वो एक जाने-माने कवि व दार्शनिक लेखक थे। उनकी रचनाएं आज भी हमें प्रेरणा देती हैं। जो स्व-सहायता लेखकों के लिए प्रेरणा का एक स्रोत रहे। उन्होंने अपनी प्रेरणादायक पुस्तकों और कविता की सहायता से एक जन आंदोलन खड़ा किया जिसने करोड़ों बदलाव करने में मदद की। एलेन दो भाइयों में सबसे बड़ा था। उनकी मां पढ़ी-लिखी नहीं थीं। उनके पिता, विलियम एक फैक्ट्री के मालिक थे। 1879 में, मध्य इंग्लैंड के कपड़ा व्यापार में मंदी के बाद, एलेन के पिता ने काम खोजने और परिवार के लिए एक नया घर स्थापित करने के लिए अकेले अमेरिका की यात्रा की। माना जाता है कि दो दिनों के भीतर उनके पिता को न्यूयॉर्क सिटी अस्पताल में मृत

घोषित कर दिया गया था, माना जाता है कि यह लूट और हत्या का मामला था। पंद्रह साल की उम्र में, परिवार को अब आर्थिक आपदा का सामना करना पड़ रहा था, एलेन को स्कूल छोड़ने और काम खोजने के लिए मजबूर किया गया था।

उनका कहना था कि रेल के इंजन के पास खड़े होकर देखो, काम करने वाली भाप ऊर्जा की आवाज कोई नहीं सुन पाता, केवल बेकार जाने वाली भाप ऊर्जा ही शोर मचाती है, जो ऊर्जा और शक्ति आप के अन्दर उपयोग हो रही है वह गुप्त और अज्ञात रहती है, तुम जो शोर मचाते फिरते हो और उपद्रव करते हो यह बेकार जाने वाली बिना काम की ऊर्जा और शक्ति है।

जैसा दिल है, वैसा जीवन है। मन में है वही बाहर आता है, उसके बिना कुछ भी नहीं हो सकता, मन में जो छुपा है वही बाहर पक कर निकलता है।

–नरेन्द्र कुमार वर्मा

nk@dpb.in

मनुष्य अपने दिल में जैसा सोचता है वैसा ही होता है। यह मनुष्य के पूरे जीवन को ही सम्मिलित नहीं करती बल्कि इतनी व्यापक है कि उसके जीवन के हर पहलू, हर दशा पर अपनी छाप बनाये रखती है। मनुष्य अक्षरशः वैसा ही बन जाता है जैसा वह सोचता है, उसका चरित्र उसके तमाम विचारों का ही योगफल है।

प्रस्तावना

यह छोटी सी कृति ध्यान और अनुभव का परिणाम है। विचार की शक्ति, के बारे में बहुत कुछ लिखा जा चुका है, लेकिन कोई व्यवस्थित शोध-प्रबन्ध नहीं है। यह केवल सुझावपूर्ण है, व्याख्यात्मक नहीं। इसका उद्देश्य मनुष्यों को केवल इस सत्य की खोज और प्रत्यक्ष ज्ञान के लिए प्रोत्साहित करना है कि उन्हें किन विचारों के आधार पर और सावधानी से चुन कर प्रोत्साहित किया जाए।

"वे स्वयं ही स्वयं के निर्माता हैं"

चरित्र रूपी आन्तरिक वस्त्र और परिस्थिति रूपी बाह्य वस्त्र का कुशल बुनकर मन ही है; और जैसा कि अभी तक क्लेश और अज्ञानता के कारण उसने दुःख-दर्द को ही बुना है, अब उसी मन के द्वारा आप ज्ञानोदय और सुख-शान्ति का निर्माण कर सकते हैं।

—जेम्स एलेन

अनुक्रमणिका

1

विचार और चरित्र

मनुष्य अपने दिल में जैसा सोचता है वैसा ही होता है। यह मनुष्य के पूरे जीवन को ही सम्मिलित नहीं करती बल्कि इतनी व्यापक है कि उसके जीवन के हर पहलू, हर दशा पर अपनी छाप बनाये रखती है। मनुष्य अक्षरशः वैसा ही बन जाता है जैसा वह सोचता है, उसका चरित्र उसके तमाम विचारों का ही योगफल है।

जैसे एक पेड़ बीज से उगता है, बीज के बिना पेड़ नहीं उग सकता, उसी तरह मनुष्य द्वारा किये गये हर कार्य के पीछे अप्रत्यक्ष रूप में विचार रूपी बीज होता है, जिसके बिना वैसा कार्य हो ही नहीं सकता था। यह बात अनायास या पहले से अनियोजित माने गये कार्यों पर भी उतनी ही लागू होती है, जितनी की सोच-समझ कर किये कार्यों पर।

विचार का पुष्पित होना कार्य है, सुख और दुःख उसके फल हैं। इसलिए मनुष्य अपने जीवन रूपी बग़ीचे में कृषि व्यवस्था के अनुसार कभी मीठे और कभी कड़वे फल संग्रह करता है।

"मन में निहित विचार ने हमें बनाया है, हम जो भी हैं, वह अपने विचारों द्वारा गढ़े और निर्मित किये गये

हैं। यदि मनुष्य के मन में बुरे विचार हैं तो उसके पास दुःख इस प्रकार आता है जैसे बैल के पीछे पहिया...यदि कोई विचारों की पवित्रता को बनाये रखे, तो-निश्चय ही प्रसन्नता उसका पीछा इस तरह करती है जैसे उसकी अपनी परछाई।"

2

परिस्थितियों पर विचार का प्रभाव

मनुष्य का मन एक उपवन के समान है, जिसे समझदारी से सजाया-संवारा जा सकता है अथवा उसे झाड़-झंकाड़ की भाँति बेरोक-टोक फैलने दिया जा सकता है। लेकिन, चाहे परिष्कृत ढंग से हो या उपेक्षित, उसमें कुछ न कुछ तो उगने ही वाला है। यदि उसमें उपयोगी बीज नहीं बोये गये तो बेकार के पेड़-पौधे उगते रहेंगे, अनुपयोगी जंगली खरपतवार के बीज बहुतायत से पैदा होकर बिखरते रहेंगे और अपने ही समान खरपतवार बढ़ाते जायेंगे।

जैसे माली अपने बग़ीचे में करीने से ज़मीन तैयार करता है, खरपतवार साफ़ करता है, अपनी ज़रूरत के अनुसार फल-फूल उगाता है, उसी तरह सारे खराब, गलत, अशुद्ध विचारों की खरपतवार को उखाड़ते रह कर मनुष्य को अपने मन रूपी उपवन को सुन्दर बनाये रखना चाहिये, और पूर्णत्व की ओर बढ़ने के लिए सही, उपयोगी और शुद्ध फल-फूल रूपी विचार बनाये रख कर, उनकी देखभाल करते रहना चाहिये। इस प्रक्रिया को बराबर करते रहने से, देर-सवेर मनुष्य को आख़िर यह बोध हो ही जाता है कि अपनी आत्मा रूपी बगिया का प्रमुख माली वही है और अपने जीवन का निर्देशक भी। विचार के ये नियम उसके भीतर उद्घाटित होते हैं कि किस प्रकार विचार की शक्ति

और मन के तत्त्व उसके चरित्र, परिस्थितियाँ और भाग्य को गढ़ने में अपना योगदान देते हैं और इस बारे में उसकी समझदारी दिन-प्रतिदिन बढ़ती ही जाती है।

विचार और चरित्र एक ही हैं और जिस तरह चरित्र केवल वातावरण और परिस्थितियों के द्वारा ही अपने आपको अभिव्यक्त करके समझा जा सकता है, उसी प्रकार मनुष्य के जीवन की बाहरी दशाएँ उसकी आंतरिक दशाओं के सामंजस्य में प्रगट होती हैं। इसका यह अर्थ नहीं कि किसी समय विशेष में मनुष्य की परिस्थितियाँ उसके चरित्र के बारे में पूरी तरह संकेत दे सकें, परन्तु वे परिस्थितियाँ उसके अन्दर के महत्त्वपूर्ण विचार तत्त्व से इतनी प्रगाढ़ता से जुड़ी होती हैं कि उस समय उसकी प्रगति के लिए वे अपरिहार्य होती हैं।

अस्तित्व के नियम के अनुसार हर मनुष्य अपनी उस सही जगह पर है, जहाँ उसे होना चाहिए। जिन विचारों को उसने अपने चरित्र में गढ़ा है, वही उसे वहाँ पर ले कर आये हैं तथा उसके जीवन की व्यवस्था में इत्तेफ़ाक़ की कोई गुंजाइश नहीं है, बल्कि यह सब उस नियम का परिणाम है, जिसमें कभी ग़लती हो ही नहीं सकती। यह उनके लिए बिलकुल उसी तरह सत्य है जो अपने वातावरण से संतुष्ट हैं और उनके लिए भी जो अपने वातावरण से सामंजस्य नहीं बैठा पाते।

एक प्रगतिशील और विकासशील प्राणी के रूप में, मनुष्य जहाँ भी है, यह सीखने के लिए है कि वह

विकसित हो और किसी भी परिस्थिति में जैसे-जैसे वह अपने लिए निहित आध्यात्मिक पाठ पढ़ता जाता है, वह परिस्थिति समाप्त होती जाती है और दूसरी परिस्थितियों को जगह देती जाती है।

जब तक मनुष्य स्वयं को बाहरी हालातों के द्वारा नियंत्रित प्राणी मानता रहता है वह परिस्थितियों के थपेड़े खाता रहता है। परन्तु जब उसे एहसास होता है कि उसमें वह सृजनात्मक शक्ति है जो अपने अस्तित्व में छिपी मिट्टी और बीज को ऐसा आदेश दे सकती है जिसमें से परिस्थितियाँ उत्पन्न होती हैं-तब सही मायने में वह अपना मालिक बनता है।

प्रत्येक मनुष्य, जिसने समय की जिस किसी भी अवधि के लिए आत्मनियंत्रण और आत्मशुद्धि का अभ्यास किया है, वह जानता है कि परिस्थितियाँ विचार से उत्पन्न होती हैं, क्योंकि उसने ग़ौर किया होगा कि उसकी बदली हुई मनोदशा के सही अनुपात में उसकी परिस्थितियों में बदलाव होता है। यह बात इतनी सटीक है कि जब मनुष्य ईमानदारी से अपने चरित्र की कमियों को सुधारने की कोशिश करता है और बड़ी तेज़ी से विशिष्ट प्रगति करता है, तब वह तीव्रगति से एक के बाद दूसरे उतार-चढ़ाव से गुजरता जाता है।

आत्मा उस चीज़ को आकर्षित करती है जिसे वह रहस्यमय रूप से अपने अंतर में आश्रय देती है, वह उससे स्नेह करती है और उससे डरती भी है। वह अपनी संजोई

हुई आकांक्षाओं की चरम सीमा पर पहुँचता है और अपनी बे-लगाम इच्छाओं के स्तर तक गिरता जाता है। परिस्थितियाँ वह साधन हैं, जिससे आत्मा स्वयं को प्राप्त करती है।

हर बीज रूपी विचार, जिसे बोया जाता है या जिसे मन में छिपा कर पनपने दिया जाता है, वह वहाँ अपनी जड़ें जमा कर अपनी तरह की पैदावार करता है और देर सवेर वह क्रिया में फलीभूत हो जाता है तथा अवसर और परिस्थिति की अपनी फ़सल देता जाता है। अच्छे विचारों से अच्छे फल तथा बुरे विचारों से बुरे फल प्राप्त होते हैं।

बाहरी परिस्थितियों का संसार, विचारों के आंतरिक संसार के अनुसार अपने को आकार देता है। सुखद और दुखद दोनों ही बाहरी दशाएँ व्यक्ति के मूलभूत कल्याण के लिए कारण बनते हैं। अपनी खुद की लगाई फ़सल काटने वाले के रूप में मनुष्य सुख और दुःख दोनों से ही सीखता है।

अंतरमन की उन कामनाओं, आकांक्षाओं और विचारों का अनुगमन करते हुए, जिनके द्वारा वह दूषित कल्पनाओं की पकड़ में आकर या दृढ़ निश्चय से मज़बूत और उच्च प्रयास में लगे रह कर खुद को शासित होने देता है, मनुष्य आख़िरकार अपने बाह्य जीवन में उनकी पूर्ति और सफलता पर पहुँचता है। वृद्धि और समझौते के नियम हर जगह लागू होते हैं।

मनुष्य जेल में या भिखारियों के बीच भाग्य या परिस्थितियों के क्रूर अत्याचारों की वजह से नहीं बल्कि

अपनी अधम इच्छाओं और भ्रष्ट विचारों के रास्ते से पहुँचता है। न ही कोई पवित्र मानसिकता वाला मनुष्य बाहरी शक्ति के ज़रा से दबाव में आकर अपराध के ग़र्त में गिरता है, बल्कि अपराधिक विचार उसके दिल में अज्ञात रूप से बहुत लम्बे समय से पोषित होते रहे और किसी सही मौक़े ने उन शक्तियों को एकत्रित कर सामने आने का मौक़ा दे दिया। मनुष्य को बनाने वाली परिस्थितियाँ नहीं होतीं, वे केवल उसके सामने खुद उसी को उजागर करती हैं। जब तक मनुष्य का झुकाव अनैतिकता की ओर न हो, ऐसी परिस्थितियों का अस्तित्व हो ही नहीं सकता जो उसे दुराचार और उसके परिणामस्वरूप मिलने वाली तकलीफ़ों की ओर धकेल दें; न ही सद्‌गुणों की आकांक्षा का निरन्तर पोषण करे बिना मनुष्य अचानक सदाचार की ओर प्रेरित होकर पवित्रतम सुख-शान्ति प्राप्त कर सकता है। इसीलिए, मनुष्य अपने विचार का मालिक और अधिकारी बन कर खुद अपना निर्माता, अपने वातावरण का रचयिता और उसे आकार देने वाला है। जन्म के समय भी आत्मा अपने आप आती है, धरती की इस यात्रा के हर क़दम पर परिस्थितियों के उन संयोगों को आकर्षित करती है जो खुद उसकी अपनी पवित्रता या अपवित्रता, उसकी खुद की शक्ति या कमज़ोरी के प्रतिबिम्ब को उजागर करती है।

मनुष्य उन चीज़ों को आकर्षित नहीं करते जो उन्हें चाहिए बल्कि उसे आकर्षित करते हैं जो वे हैं। उनकी सनक, भ्रान्तियाँ और महत्त्वाकाक्षाएँ हर कदम पर निष्फल

हो जाती हैं, परन्तु उनके आंतरिक विचार और इच्छाओं का पोषण उनके ख़ुद के अच्छे या बुरे विचारों से होता है। हमारे अन्तिम क्षण को आकार देने वाली दिव्यता हमारे ही अंदर है और वही हमारा 'स्व' है। मनुष्य ने खुद ही अपने को बेड़ियों से बाँधा है। विचार और कर्म भाग्य का कारागार है-वे अधम होने के कारण सीमाबद्ध कर देते हैं। वे आज़ादी के फ़रिश्ते भी हैं-उदात्त होने के कारण वे मुक्ति देते हैं। मनुष्य को वह नहीं मिलता जिसकी वह इच्छा या याचना करता है, बल्कि वह मिलता है जो उसने ईमानदारी से कमाया है। उसकी इच्छाएं और याचनाएँ तभी सुनी जाती हैं और पूरी होती हैं जब विचार और कर्म के साथ उनका सामंजस्य स्थापित हो जाता है।

इस सच्चाई को समझने पर, परिस्थितियों से लड़ने का क्या मतलब है? इसका अर्थ यह है कि मनुष्य निरन्तर बाहर दिखायी देने वाली परिस्थिति से विद्रोह करता है, जब कि वह उसके कारण को हर समय अपने हृदय में पोषित करते हुए सुरक्षित रखता है। वह कारण चेतन दोष का रूप ले सकता है या एक अचेतन कमज़ोरी परन्तु चाहे वह कुछ भी हो, वह उसके स्वामी की हर कोशिश में हठपूर्वक बाधा डालता है और उसके उपचार के लिए चीख़ पुकार मचाता है।

मनुष्य अपनी परिस्थितियों को सुधारने के लिए चिंतित है, परन्तु ख़ुद को सुधारने के लिए वह तैयार नहीं है। इसीलिए वे बंधन में रहते हैं। जो मनुष्य ख़ुद सूली पर

चढ़ने से नहीं डरता, वह उस उद्देश्य को पूरा करने से कभी नहीं चूकेगा-जिसका उसने मन बना लिया है। यह बात लौकिक चीज़ों पर भी उतनी ही लागू होती है, जितनी पारलौकिक पर। जिस मनुष्य का एकमात्र लक्ष्य सम्पत्ति अर्जित करना है, उसे भी अपने लक्ष्य को प्राप्त करने से पहले अनेक व्यक्तिगत त्याग करने के लिए तैयार रहना पड़ता है, फिर उसे, जो एक सुदृढ़ और संतुलित जीवन पाना चाहता है, कितने ज़्यादा त्याग करने के लिए तैयार रहना होगा?

एक ऐसा मनुष्य जो बिलकुल कंगाल है, वह सदा ही इस बात के लिए चिंतित रहता है कि उसकी परिस्थितियों और घर के साधनों में सुधार आ जाये, फिर भी वह हर समय कामचोरी करता है और अपने इस व्यवहार को यह कह कर उचित ठहराता है कि उसे वेतन बहुत कम मिल रहा है। ऐसा मनुष्य उन सरल मूल सिद्धांतों को नहीं समझ पाता जो सम्पन्नता का सच्चा आधार हैं। अपनी कंगाली से उभरने के लिए वह पूरी तरह अयोग्य है, बल्कि असलियत तो यह है कि वह निष्क्रिय, भ्रामक और अमानवीय विचारों पर मनन करते हुए उन्हें क्रियान्वित करने के कारण कंगाली के गहरे ग़र्त को आकर्षित करता है।

दूसरा एक बहुत सम्पन्न मनुष्य है जो अपने पेटूपन के कारण किसी दर्दनाक लम्बी बीमारी से ग्रस्त है। हालाँकि उससे मुक्त होने के लिए वह हर सम्भव ख़र्च करने को तैयार है, लेकिन अपनी खाने-पीने की ग़लत आदतों को

वह कभी नहीं छोड़ेगा। एक ओर तो वह अपना स्वास्थ्य चाहता है और दूसरी ओर स्वाद के लिए अप्राकृतिक और गरिष्ठ भोजन खाकर तृप्त भी होना चाहता है। ऐसा मनुष्य स्वास्थ्य प्राप्त करने के लिए नितांत अयोग्य है, क्योंकि उसने स्वस्थ जीवन का पहला सिद्धांत ही अभी तक नहीं सीखा।

एक और मनुष्य है जो अपने मज़ूदरों को उपयुक्त वेतन देने से बचने के लिए धूर्तता पर उतर आता है और ज़्यादा मुनाफ़ा कमाने के चक्कर में उनका वेतन कम कर देता है। ऐसा मनुष्य समृद्धि के लिए बिलकुल अयोग्य है। जब उसकी सम्पन्नता और प्रतिष्ठा का दिवाला निकल जाता है तो बिना यह जाने कि अपनी इस हालत का ज़िम्मेदार वह खुद है, वह अपनी परिस्थितियों को दोष देता है।

मैंने उपरोक्त तीन उदाहरण इस सत्य को स्पष्ट करने के लिए दिये हैं कि अपनी परिस्थितियों का कारण मनुष्य स्वयं है (हालाँकि लगभग हमेशा ही अचेतन रूप से) और यह भी कि उसका लक्ष्य अच्छे परिणाम प्राप्त करने का होते हुए भी, वह अपनी उपलब्धियों से निरन्तर निराश होता रहता है-क्योंकि वह ऐसे विचार और इच्छाओं को बढ़ावा देता है जो शायद उस अच्छे परिणाम से सामंजस्य नहीं बैठा सकते। थोड़े बहुत बदलाव करके ऐसे अनगिनत उदाहरण दिये जा सकते हैं, परन्तु यह आवश्यक नहीं है-यदि पाठक चाहें और संकल्प करें तो अपने मन में, अपने जीवन में, विचार के नियम के प्रभाव को ढूँढ सकते हैं। जब तक

ऐसा न किया जाये, सिर्फ बाहरी तथ्य विवेचना का आधार नहीं बन सकते।

फिर भी, परिस्थितियाँ इतनी जटिल होती हैं, विचार इतनी गहराई में जड़ें जमाए होते हैं और सुख की परिभाषा व्यक्तियों के लिहाज़ से इतनी ज़्यादा बदलती जाती है कि मनुष्य के जीवन के केवल बाहरी पहलू से उसकी सम्पूर्ण आत्म-दशा को किसी दूसरे व्यक्ति द्वारा नहीं आँका जा सकता, हालाँकि हो सकता है यह बात उसे स्वयं मालूम हो। कोई मनुष्य कुछ बातों में ईमानदार हो सकता है, फिर भी अभावों का दु:ख झेल रहा हो। कोई मनुष्य कुछ बातों में बेईमान होते हुए भी धन-दौलत अर्जित कर ले। लेकिन आम तौर पर यह मान लेना सिर्फ़ ऊपरी तौर पर निर्णय करने का परिणाम है कि कोई व्यक्ति अपनी किसी ख़ास ईमानदारी के कारण असफल होता है और दूसरा अपनी किसी ख़ास बेईमानी की वजह से सम्पन्न; क्योंकि ऐसा मान लिया जाता है कि बेईमान आदमी पूरी तरह से बिलकुल बेईमान होता है और ईमानदार आदमी हर मामले में पूरी तरह से ईमानदार। गहराई में जाने पर और विस्तृत अनुभव के आधार पर ऐसा निर्णय ग़लत साबित होता है। उस बेईमान व्यक्ति में भी कुछ ऐसे प्रशंसनीय गुण हो सकते हैं, जो हो सकता है दूसरों में न मिलें; और ईमानदार व्यक्ति में कुछ ऐसे घृणित दोष हो सकते हैं जो दूसरे सामान्य लोगों में नहीं होते। ईमानदार व्यक्ति अपने निष्कपट विचारों और कार्यों के अच्छे परिणामों से

लाभान्वित होता है और साथ ही अपने दोषों के कारण मिलने वाली तकलीफों को भी भोगता है। इसी प्रकार बेईमान व्यक्ति अपने दुःख और खुशियाँ अर्जित करता है।

मिथ्याभिमानी मनुष्य यह विश्वास करके खुश हो जाता है कि उसे अपने सद्गुणों के कारण तकलीफें उठानी पड़ती हैं। लेकिन जब तक मनुष्य अपने मन में हर दूषित, कटु और अपवित्र विचार उखाड़ कर नहीं फेंक देता तथा अपनी आत्मा पर से हर पापमय धब्बा साफ नहीं कर देता, क्या वह तब तक यह जानने और घोषित करने की स्थिति में होता है कि दुःख-दर्द उसके अच्छे कार्यों के परिणाम हैं, न कि उसके अवगुणों के। उस सर्वोच्च पूर्णता के मार्ग पर और उस तक पहुँचने से कहीं पहले उसे यह अहसास होगा कि यही महान नियम, जो निर्बाध रूप से न्यायप्रिय है, उसके मन और जीवन में क्रियाशील है, इसलिए वह अच्छाई के लिए बुरा और बुराई के लिए अच्छा परिणाम नहीं दे सकता। ऐसा विवेक जाग्रत होने के बाद, जब वह पीछे मुड़ कर अपने पिछले जीवन की दृष्टिहीनता और अज्ञानता को देखता है, तब उसे समझ में आयेगा कि उसका जीवन हमेशा ही न्यायसंगत रूप से सुव्यवस्थित था और अब भी है। अतीत के अच्छे और बुरे सारे अनुभव तीव्रगति और न्यायसंगत रूप से उसके स्व को विकसित करने के लिए काम कर रहे थे-उसका वह स्व जो अभी भी अविकसित है।

अच्छे विचारों और कर्मों का परिणाम कभी भी बुरा

नहीं हो सकता और न ही बुरे विचारों और कर्मों का परिणाम अच्छा हो सकता है। जैसे मक्का की खेती से मक्का और बिच्छू-बूटी से बिच्छू-बूटी के अलावा कुछ और पैदा नहीं हो सकते। (यद्यपि यह कार्य प्रणाली उतनी ही सरल और अटल है) परन्तु मनुष्य प्रकृति के भौतिक स्तर पर तो इस नियम को समझता है, और उसके अनुसार काम करता है, लेकिन इने गिने ही ऐसे होते हैं जो इस नियम को मानसिक और नैतिक स्तर पर समझते हैं। इसीलिए सर्व-साधारण इससे सहयोग नहीं करते।

तकलीफ़ें सदा ही किसी न किसी दिशा में ग़लत विचार के परिणाम होती हैं। यह इस बात का संकेत है कि व्यक्ति खुद अपने आपसे, अपने अस्तित्व के नियम से सामंजस्य नहीं बैठा पाता। दुःख-तकलीफ़ का एकमात्र और सर्वोपरि इस्तेमाल होता है शुद्धिकरण के लिए और उन सबको नष्ट करने के लिए, जो अनावश्यक और अशुद्ध हैं। जो निर्मल है, उसके लिए तकलीफ़ समाप्त हो जाती हैं। सोने में से पूरी तरह अशुद्धि निकाल देने के बाद उसे तपाने का कोई अर्थ नहीं है। एक पूरी तरह स्वच्छ और प्रबुद्ध व्यक्ति कतई दुःखी नहीं हो सकता।

मनुष्य को दुःख में जिन परिस्थितियों का सामना करना पड़ता है, वे उसके ही मानसिक असंतुलन का परिणाम हैं। जिन परिस्थितियों का प्रभाव सुखकारी होता है, वह मनुष्य के मानसिक सामंजस्य के कारण होता है। सौभाग्यशाली होने का मापदण्ड भौतिक सम्पत्ति नहीं बल्कि

सही विचार है। दुर्भाग्य का मापदण्ड भौतिक सम्पत्ति का अभाव नहीं बल्कि ग़लत विचार है। कोई मनुष्य धनी होते हुए भी अभिशापित हो सकता है अथवा ग़रीब होते हुए भी सौभाग्यशाली। अमीरी और सौभाग्य तभी एक साथ हो सकते हैं जब धन का उपयोग विवेक के साथ सही तरीक़े से किया जाता है। साथ ही ग़रीब मनुष्य दुर्भाग्य के ग़र्त में तभी उतरता है, जब वह अपनी हालत को अन्याय से थोपी हुई मानता है।

ग़रीबी और आसक्ति दुर्भाग्य के दो छोर हैं। ये दोनों समान रूप से अस्वाभाविक और असंतुलित मन का परिणाम हैं। जब तक मनुष्य स्वस्थ, सम्पन्न और प्रसन्न न हो तब तक वह सही तरह से अनुकूल अवस्था में नहीं आता, और प्रसन्नता, स्वास्थ्यता तथा सम्पन्नता, मनुष्य के अंतरंग का उसके बाह्य वातावरण के साथ सामंजस्यपूर्ण तालमेल का परिणाम है।

मनुष्य सही मायने में मनुष्य तभी बनता है जब वह झींकना और झिड़कना बंद कर देता है और उस अव्यक्त न्याय की खोज आरम्भ कर देता है जो उसके जीवन को नियंत्रित कर रहा है। जब वह अपने मन को उस नियंत्रण करने वाले घटक के अनुकूल कर लेता है, तब वह दूसरों को अपनी हालत का ज़िम्मेदार ठहराना बंद कर देता है, और खुद को महान और तेजस्वी विचारों से गढ़ने लगता है। वह परिस्थितियों से लड़ना बंद करके, तेज़ी से अपनी प्रगति के लिए सहायक, साथ ही अपने अंतर में निहित

सम्भावनाओं और छिपी हुई क्षमताओं को ढूँढने के साधन के रूप में उनका उपयोग करना शुरू कर देता है।

ब्रह्माण्ड में सबसे प्रबल सिद्धांत व्यवस्था का है-अव्यवस्था का नहीं। न्याय जीवन की आत्मा और तत्त्व है-अन्याय नहीं। साथ ही इस संसार के आध्यात्मिक शासन को गढ़ने वाली और चलाने वाली शक्ति सदाचार है-भ्रष्टाचार नहीं। यह, इस तरह होने के कारण, यह जानने के लिए ब्रह्माण्ड सही है- मनुष्य को और कुछ नहीं बल्कि स्वयं को सही करना होगा और अपने आपको सही करने की इस प्रक्रिया के दौरान वह समझेगा कि जैसे-जैसे वह लोगों और वस्तुओं के प्रति अपने विचारों को बदलता जायेगा, वस्तुएँ और दूसरे लोग उसके प्रति बदलते जायेंगे।

यह सत्य है और इसका प्रमाण हर व्यक्ति में है और इसीलिए इसमें क्रमबद्ध आत्मविश्लेषण और आत्मनिरीक्षण द्वारा आसानी से जाँच-पड़ताल करने की गुंजाइश है। मनुष्य को अपने विचारों में आमूल परिवर्तन करने दीजिये, और वह अपने जीवन की भौतिक दशाओं में होने वाले तीव्र परिवर्तनों के प्रभाव को देख कर चकित रह जायेगा। मनुष्य कल्पना कर लेता है कि विचार को छिपा कर रखा जा सकता है, लेकिन ऐसा हो ही नहीं सकता। ये तेज़ी से आदत में बदल जाते हैं और आदत घनीभूत होकर परिस्थिति में बदल जाती है। पाशविक विचार नशे की लत और कामुकता में बदल जाते हैं, जो ग़रीबी और बीमारी की परिस्थितियों में घनीभूत हो जाते हैं। हर प्रकार के अपवित्र

विचार तीव्रगति से दुर्बलता और किंकर्तव्यविमूढ़ता की आदत में बदल जाते हैं और प्रतिकूल यानी हानि पहुँचाने वाली परिस्थितियों में घनीभूत हो जाते हैं। भय, संदेह और दुविधा; कमज़ोर, स्त्रैण, अनिश्चय की आदतों में बदल जाते हैं जो असफलता, दरिद्रता और गुलामी भरी निर्भरता में घनीभूत हो जाते हैं। आलसीपन के विचार दुष्टता और बेईमानी की आदतों में बदल जाते हैं तथा अनियमितता और भिखारीपन की परिस्थिति में घनीभूत होते हैं। घृणापूर्ण और दण्डात्मक विचार दोषारोपण और उग्रता की आदतों में बदल जाते हैं, जो फिर नुकसान और अत्याचार की परिस्थितियों में घनीभूत हो जाते हैं। सब प्रकार के स्वार्थपूर्ण विचार स्वार्थीपन की आदतों में बदल जाते हैं, जो लगभग दुःखद परिस्थितियों में घनीभूत होते हैं।

दूसरी ओर, हर प्रकार के सुन्दर विचार कृपा और दयालुता की आदतें धारण कर लेते हैं जो सद्भावपूर्ण और सुहावनी परिस्थितियों का स्वरूप ले लेती हैं। शुद्ध विचार आत्मसंयम और आत्मनियंत्रण की आदतों को धारण कर लेते हैं जो शान्ति और प्रशान्ति की परिस्थिति का स्वरूप ले लेते हैं। बहादुरी, आत्मविश्वास और निर्णयात्मक विचार पुरुषोचित आदतों का रूप धारण कर लेते हैं, जो सफलता, प्रचुरता और स्वतंत्रता की परिस्थितियों में बदल जाते हैं। ऊर्जा से भरे विचार, स्वच्छता, परिश्रम की आदतों का रूप धारण कर लेते हैं जो आनन्ददायी परिस्थितियों में बदल जाती हैं। कोमल और क्षमाशील विचार कोमलता

की आदतों का रूप धारण कर लेते हैं जो संरक्षात्मक और परिरक्षित परिस्थितियों में बदल जाते हैं। प्रेमपूर्ण और स्वार्थरहित विचार निःस्वार्थी आदतों का रूप लेकर स्थायी सम्पन्नता और सच्ची समृद्धि की परिस्थितियों का स्वरूप ले लेते हैं।

अच्छे या बुरे विचारों की कोई विशेष श्रृंखला यदि चलती रहे तो वह चरित्र और परिस्थितियों पर अपना प्रभाव दिखाने से नहीं चूकती। यद्यपि अपनी परिस्थितियों का चुनाव मनुष्य सीधे-सीधे तो नहीं कर सकता, परन्तु अपने विचारों का चुनाव करके वह निश्चय ही अपनी परिस्थितियों को आकार दे सकता है।

हर मनुष्य के उन विचारों को प्रकृति संतुष्ट करने में मदद करती है जिन्हें वह बहुत ज्यादा बढ़ावा देता है तथा अच्छे और बुरे दोनों प्रकार के विचारों को बहुत तेज़ी से उभार कर ऊपर ले आने का अवसर प्रदान करती है।

मनुष्य को अपने दोषयुक्त विचारों से मुक्त होने दो, सारा संसार उसकी ओर स्नेहपूर्ण होकर उसकी मदद करने के लिए तैयार हो जायेगा। उसे अपने कमज़ोर और दूषित विचारों को दूर कर लेने दो और बस देखो! उसके मज़बूत इरादों में मदद के लिए हर क़दम पर अनेक मौक़े सामने उभर आयेंगे। उसे अच्छे विचारों को प्रोत्साहित करने दो, और कोई भी बदकिस्मति उसे ग़रीबी और शर्मिन्दगी की मजबूरी से बाँध नहीं सकेगी। यह दुनिया रंगों के विभिन्न संयोजन का कॅलाइडोस्कोप या बहुरूपदर्शी है, जो आपके

निरन्तर बदलते विचारों की अतिसंवेदनशील समायोजित तस्वीरें पल-पल पर आपके सामने उभारता है।

"तो तुम वही बनोगे जो बनने के लिए तुम कटिबद्ध हो;

"असफलता को उसका मिथ्या संतोष लेने दो
उस निर्दोष शब्द 'वातावरण' में,
परन्तु आत्मा उसे तिरस्कृत कर, मुक्त है।"

"यह समय और आकाश को जीत लेती है
मौक़े रूपी उस शेखीबाज़ छलिया को डरा कर
और हालात की तानाशाही को आदेश देकर
मुकुट उतार, सेवक की जगह भर दो।"

"मानवीय इच्छा, वह अदृश्य शक्ति,
अमर आत्मा की सन्तान,
किसी भी लक्ष्य के लिए, चीर कर राह बना सकती है
भले ही ग्रेनाइट की दीवार बीच में हो।"

"देरी होने से धैर्य मत खोओ
बस इंतज़ार करो समझदारी से;
जब आत्मा उठ कर आज्ञा देती है
देवी-देवता भी आज्ञा पालन को तत्पर रहते हैं।"

3

विचार का स्वास्थ्य और शरीर पर प्रभाव

शरीर मन का सेवक है। यह मन के क्रियाकलापों का पालन करता है, चाहे वे जानबूझ कर चुने गए हों या स्वतः ही व्यक्त किये गये हों। अनैतिक विचारों के आदेश पर शरीर तेज़ी से बीमारी और सड़न के गर्त में धँस जाता है। सुन्दर और सुखद विचारों के आदेश पर वह सुन्दरता और यौवन रूपी वस्त्र धारण कर लेता है।

बीमारी और स्वास्थ्य जैसी परिस्थितियाँ मूलतः विचार में होती हैं। अस्वास्थ्यकर विचार स्वयं को अस्वस्थ शरीर द्वारा व्यक्त करेंगे। ऐसा माना गया है कि डर के विचार मनुष्य को इतनी तेज़ी से मार सकते हैं जैसे पिस्तौल की गोली और वाक़ई में वह हज़ारों लोगों को निरन्तर मार रहे हैं-हालाँकि धीरे-धीरे। बीमारी उन्हीं को होती है जो बीमारी से भयभीत रहते हैं। चिन्ता तुरन्त ही पूरे शरीर के मनोबल को तोड़ कर बीमारी के प्रवेश का रास्ता खोल देती है, जबकि दूषित विचार, शीघ्र ही स्नायुतंत्र को छिन्न-भिन्न कर देते हैं, भले ही भौतिक रूप से उनमें आसक्त न हों।

दृढ़, पवित्र और सुखद विचार शरीर को मनोहरता और ओज से सशक्त बनाते हैं। शरीर एक कोमल और प्लास्टिक अर्थात् आसानी से मुड़ जाने वाला यंत्र है, जो सहज ही उन विचारों के लिए प्रतिक्रिया देता है, जिनसे

वह प्रभावित होता है, और विचार की आदतें अपने अच्छे या बुरे प्रभाव उन पर दिखायेंगे।

मनुष्य जब तक दूषित विचार फैलाता जायेगा, तब तक उसमें प्रवाहित होने वाला रक्त अशुद्ध और जहरीला रहेगा। छल-कपट से रहित हृदय से स्वच्छ शरीर और विशुद्ध जीवन बनता है। कलुषित मन से भ्रष्ट शरीर और कलुषित जीवन उत्पन्न होता है। विचार-कर्म, जीवन और अभिव्यक्ति का झरना है। इस झरने को पवित्र बनायें और सब कुछ पवित्र हो जायेगा।

जब तक मनुष्य अपने विचारों को नहीं बदलेगा, तब तक खान-पान बदलने से उसे कोई मदद नहीं मिलेगी। जब मनुष्य अपने विचारों को शुद्ध बना लेता है तब उसे तामसिक भोजन की कामना नहीं रहती।

स्वच्छ विचारों से स्वच्छ आदतें बनती हैं, वे तथाकथित संत जो नहाते नहीं हैं, वास्तव में संत नहीं हैं। वह, जिसने अपने विचारों को शुद्ध करके दृढ़ता प्रदान की है, उसे नुकसान पहुँचाने वाले सूक्ष्मजीवों को महत्त्व नहीं देना है।

यदि आप स्वयं अपने शरीर की रक्षा करना चाहते हैं तो आप अपने मन को चौकन्ना रखिये। यदि आप अपने को नया जीवन प्रदान करना चाहते हैं, तो सबसे पहले अपने मन को सुन्दर बनाइये। द्वेष, ईर्ष्या, निराशा, विषाद के विचार शरीर के स्वास्थ्य और रौनक़ को ख़त्म कर देते हैं। अप्रिय चेहरा अकस्मात् नहीं आ जाता बल्कि कटु विचारों द्वारा बनता है। झुर्रियाँ जो चेहरे को बिगाड़ती हैं उनका कारण है मूर्खता, दुर्वासना और घमंड।

मैं एक छियानवे वर्ष की महिला को जानता हूँ जिसका चेहरा किसी अबोध लड़की जैसा दीप्तिवान है। एक और व्यक्ति है जो अधेड़ उम्र के क़रीब है, जिसका चेहरा बड़ी बेमेल रूपरेखा में खिंचा रहता है। पहला मधुर और ख़ुशनुमा स्वभाव का परिणाम है, जबकि दूसरा है दुर्वासना और असंतोष का परिणाम।

आपको तब तक मधुर और हितकारी आवास नहीं मिल सकता जब तक आप अपने कमरे में हवा और सूर्य के प्रकाश को निर्बाध रूप से न आने दें, इसीलिए मन में ख़ुशी, सद्भाव, और प्रशान्तता के विचार सिर्फ़ सरलता से प्रवेश होने का परिणाम है, स्वस्थ शरीर और तेजस्वी, सुखद, शान्त मुखमण्डल।

वयोवृद्धों के चेहरों पर सहानुभूति द्वारा बनी झुर्रियाँ होती हैं, दूसरों के चेहरे पर सशक्त और पवित्र विचारों का प्रभाव होता है जबकि अन्य के चेहरों पर दुर्वासना का प्रभाव होता है। कौन उन्हें पहचान नहीं पायेगा? वे लोग जो ईमानदारी से जीवन यापन करते हैं, उनके लिए उम्र ढलते सूर्य के समान शान्त, प्रशान्त और मृदुल है। हाल में ही मैंने एक दार्शनिक को उसकी मृत्युशैया पर देखा है। वह सिर्फ़ उम्र से ही वृद्ध था। जितनी मधुरता और शान्ति से उसने अपना जीवन जिया था, उसकी मृत्यु भी वैसी ही थी।

शरीर की बीमारियों को दूर करने के लिए प्रसन्नता से भरे विचारों जैसा कोई डॉक्टर नहीं है। दुःख और व्यथा की छाया को हटाने के लिए, सद्भाव अथवा

अपनापन दर्शाकर सांत्वना प्रदान करने के अतिरिक्त और कुछ नहीं हो सकता। लगातार कटुता, संदेह, ईर्ष्या और दुर्भावपूर्ण विचारों में रहना, बिलकुल ऐसा ही है, मानो ख़ुद के बनाये हुए बन्दीगृह में क़ैद रहना। परन्तु सभी के बारे में अच्छा सोचना, सभी के साथ प्रसन्न रहना, धैर्यपूर्वक सभी में अच्छाइयों को ढूँढने का प्रयास करना-ऐसे निःस्वार्थ विचार ही स्वर्ग के द्वार हैं। और दिन-प्रतिदिन हर प्राणी के प्रति शान्ति के विचार बनाये रखने वालों को अनुपम शान्ति मिलेगी।

4

विचार और उद्द्देश्य

जब तक विचारों को उद्देश्य से न जोड़ा जाए, कोई भी बौद्धिक उपलब्धि नहीं होती। जीवन रूपी भवसागर में विचारों के मस्तूल वाला छोटा जहाज़ अधिकतर इधर-उधर भटकता रहता है। लक्ष्य विहीनता एक दुर्गुण है और इधर-उधर भटकना उस व्यक्ति के लिए जारी नहीं रहना चाहिये जो विनाश और विध्वंस से साफ़ बचकर निकल जाना चाहता है।

वे लोग जिनके लिए जीवन में कोई विशेष उद्देश्य नहीं है, वे स्वयं पर तरस खाते हैं और आसानी से छोटी-छोटी चिन्ताओं, दुःख-दर्द और तकलीफ़ों के शिकार हो जाते हैं। जानबूझ कर किये गये पाप कर्म (भले ही किसी दूसरे रास्ते से किये गये हों)- ये सभी बातें कमज़ोरियों को दर्शाती हैं, जिनका परिणाम होता है-नुक़सान, अप्रसन्नता, असफलता। क्योंकि शक्ति से विकसित होने वाले इस ब्रह्माण्ड में कमज़ोरी स्थायी नहीं रह सकती।

मनुष्य को अपने हृदय में किसी न्यायसंगत उद्देश्य को धारण करना चाहिये और उसे पूरा करने के लिए कृतसंकल्प होना चाहिये। इस उद्देश्य को अपने विचारों का केन्द्र बिन्दु बनाना चाहिये। उस समय विशेष में उसकी प्रकृति के अनुसार, यह आध्यात्मिक आदर्श या किसी

सांसारिक विषय का रूप ले सकता है। परन्तु यह जो भी हो, उसे अपनी विचार-शक्ति उस विषय पर केन्द्रित रखनी चाहिये, जिसे उसने अपने सामने संकल्प के रूप में रखा है। इस उद्देश्य को उसे अपना सबसे महत्त्वपूर्ण कर्तव्य मानना चाहिये और उसे प्राप्त करने के लिए खुद को समर्पित करना चाहिये, अपने विचारों को क्षणभंगुर भ्रान्तियों, लालसाओं और कल्पनाओं में भटकने नहीं देना चाहिये। आत्म-नियंत्रण और विचार की सच्ची एकाग्रता के लिए यह राज-मार्ग है।

यहाँ तक कि अगर वह बार-बार अपना उद्देश्य पूरा करने में असफल हो जाये, जैसा कि उसे आवश्यक रूप से तब तक करना है, जब तक कि वह इस कमज़ोरी को दूर न कर ले, इस तरह प्राप्त चरित्र की शक्ति उसकी सच्ची सफलता का मापदण्ड होगी और भविष्य के लिए सामर्थ्य और विजय का एक नया प्रारम्भिक बिन्दु तैयार करेगी।

वे लोग जो एक महान उद्देश्य का बोध रखने के लिए तैयार नहीं है, उन्हें कर्तव्य के दोषमुक्त अनुपालन के लिए अपने विचारों को एक महान उद्देश्य पर जमा लेना चाहिये, भले ही उनका काम कितना ही नगण्य क्यों न लगे। केवल इसी प्रकार विचारों को एकत्रित करके केन्द्रित किया जा सकता है और दृढ़ निश्चय और ऊर्जा विकसित की जा सकती है; ऐसा कर लेने पर, ऐसा कुछ भी शेष नहीं रहता जिसे पूरा न किया जा सके।

अपनी कमज़ोरी को जानते हुए और इस सत्य पर विश्वास करते हुए-कि प्रयास और अभ्यास से ही शक्ति

विकसित की जा सकती है–सबसे कमज़ोर आत्मा भी इस पर विश्वास करते हुए तुरन्त प्रयास करना शुरू कर देगी। प्रयास पर प्रयास, धीरज पर धीरज और शक्ति पर शक्ति जुड़ते जाने पर, आत्मा कभी विकसित होना बंद नहीं करेगी और आख़िरकार दिव्यता के समान सशक्त हो जायेगी।

जैसे शारीरिक रूप से कमज़ोर मनुष्य, सावधानी और धैर्यपूर्वक प्रशिक्षित होकर अपने आपको शक्तिशाली बना सकता है, वैसे ही कमज़ोर विचारों वाला मनुष्य, सही दिशा में चिन्तन करके स्वयं को शक्तिशाली बना सकता है।

निरुद्देश्यहीनता तथा कमज़ोरी को दूर करने के लिए और संकल्प के साथ विचार करना शुरू करने के लिए, ऐसे शक्तिशाली लोगों की श्रेणी में प्रवेश करना चाहिये जो असफलता को उपलब्धि के लिए केवल एक राह मानते हैं; जो सभी दशाओं को अपने निर्माण में सहायक बना लेते हैं, जो पूरी शक्ति से सोचते हैं, निडरता से कोशिश करते हैं और निपुणता से कार्य का सम्पादन करते हैं।

अपने उद्देश्य को समझ लेने पर, उसे प्राप्त करने के लिए मनुष्य को बिना दायें-बायें देखे मानसिक रूप से, एक सीधा रास्ता चुन लेना चाहिये। संदेह और डर को कड़ाई से निकाल देना चाहिये। वे विघटनकारी तत्त्व हैं जो प्रयास की सीधी रेखा को तितर-बितर करके, उसे टेढ़ा-मेढ़ा, निष्प्रभावी और बेकार कर देते हैं। संदेह और डर के विचारों से न कोई काम पूरा होता है और न कभी किया जा सकता है। वे सदा असफलता की ओर ले जाते

हैं। उद्देश्य पूरा करने के लिए ऊर्जा और शक्ति चाहिये और जब संदेह और डर खिसक कर आ जाते हैं तो तमाम दृढ़ विचार ख़त्म हो जाते हैं।

इस ज्ञान से कि हम इस काम को कर सकते हैं-इच्छा शक्ति अपने आप आ जाती है। संदेह और डर इस ज्ञान के सबसे बड़े शत्रु हैं, और वह-जो उनका वध नहीं करता, जो इन्हें बढ़ावा देता है, खुद को हर क़दम पर विफल कर देता है।

वह, जिसने संदेह और डर पर विजय पा ली, उसने असफलता को जीत लिया है। हर विचार ऊर्जा से परिपूर्ण होता है और हर कठिनाई का सामना हिम्मत से करके समझदारी से उस पर विजय पायी जाती है। उसके उद्देश्य सही समय पर रोपे जाते हैं जो फलते-फूलते हैं और ऐसे फल उत्पन्न करते हैं जो झड़ कर समय से पहले नहीं गिर जाते।

वे विचार जो उद्देश्य के प्रति निर्भयता से परिपूर्ण होते हैं, वे नवनिर्माण की शक्ति बन जाते हैं। वह जो इस बात को जानता है, वह मात्र अस्थिर विचारों और चंचल उत्तेजनाओं का पुलिंदा न रह कर, कुछ उच्चतर और सशक्त बनने को तैयार हो जाता है। वह, जो ऐसा करता है, वह सचेत रह कर समझदारी से अपनी मानसिक शक्तियों को नियंत्रित करने वाला बन जाता है।

5

उपलब्धि में विचार–तत्त्व

वह सब कुछ जो मनुष्य प्राप्त करता है या जो प्राप्त करने में असफल रहता है, वह सीधे-सीधे उसके अपने विचारों का परिणाम है। उचित रूप से व्यवस्थित जगत में, सन्तुलन के अभाव का अर्थ होगा पूरी तरह से विनाश, जिसमें व्यक्तिगत जिम्मेदारी सम्पूर्ण होनी चाहिए। मनुष्य की कमज़ोरी और शक्ति, पवित्रता और अपवित्रता उसकी अपनी होती है, किसी अन्य मनुष्य की नहीं। वे खुद उसके द्वारा उत्पन्न होती है, किसी और के द्वारा नहीं और उन्हें केवल उसी के द्वारा बदला जा सकता है, किसी अन्य के द्वारा कभी नहीं। उसकी परिस्थिति भी उसकी अपनी होती है, किसी और मनुष्य की नहीं। उसका दुःख और उसकी खुशी भीतर से पैदा होती है। जैसा वह सोचता है, वैसा ही वह होता है। जैसा वह सोचना जारी रखता है, वह वैसा ही रहता है।

कोई बलवान मनुष्य दूसरे कमज़ोर मनुष्य की मदद तब तक नहीं कर सकता, जब तक वह कमज़ोर मनुष्य मदद लेने के लिए तैयार न हो, और तब भी कमज़ोर मनुष्य को खुद ही बलवान बनना चाहिए। अपने खुद के प्रयास से उसे वह शक्ति विकसित करनी चाहिये जिसकी वह दूसरों में प्रशंसा करता है। उसकी परिस्थिति को उसके अलावा कोई और नहीं बदल सकता।

मनुष्यों के लिए यह सोचना और कहना बहुत सामान्य होता है, "बहुत से मनुष्य गुलाम होते हैं क्योंकि उनमें एक अत्याचारी है; हमें अत्याचारी से नफ़रत होनी चाहिये।" अब, फिर भी, कुछ लोगों में इस निर्णय को पलटने की प्रवत्ति बढ़ रही है कि वे कहें, "एक मनुष्य अत्याचारी है क्योंकि बहुत से गुलाम होते हैं; तो हम गुलामों का तिरस्कार करें।" सच्चाई यह है कि अत्याचारी और गुलाम अज्ञानता में सहयोगी हैं, ऊपरी तौर पर वे एक दूसरे को दुःख देते हैं जबकि वास्तव में खुद को दुःख देते हैं। आदर्श ज्ञान, उत्पीड़ित की कमज़ोरी में और अत्याचार करने वाले की शक्ति के दुरुपयोग, दोनों में नियम की कार्यवाही देखता है। आदर्श प्रेम, दोनों ही स्थितियों में अपरिहार्य तकलीफ़ को देख कर, किसी की भी निन्दा नहीं करता। आदर्श करुणा अत्याचारी और उत्पीड़ित दोनों को ही गले लगा लेती है।

वह, जिसने कमज़ोरी पर विजय हासिल कर ली है और तमाम स्वार्थपूर्ण विचारों को दूर कर लिया है, वह न अत्याचारी होता है और न उत्पीड़ित। वह स्वतंत्र है।

मनुष्य केवल अपने विचारों को सुधार कर ही ऊँचा उठ सकता है, विजय प्राप्त सकता है। अपने विचारों को उन्नत करने से इंकार करने पर वह कमज़ोर, दयनीय और दुःखी रहता है।

मनुष्य को किसी भी चीज़ को हासिल करने से पहले, चाहे वे सांसारिक वस्तुएँ ही हों, उसे अपने विचारों को

पाशविक आसक्ति की गुलामी के ऊपर उन्नत करना ही होगा। इसमें सफलता हासिल करने के लिए भले ही वह तमाम पशुप्रवृत्ति और स्वार्थपरता न छोड़ पाये, फिर भी कम से कम उसका कुछ अंश तो उसे त्यागना ही होगा। वह मनुष्य जिसका पहला विचार पाशविक आसक्ति है, न तो वह सही ढंग से सोच सकता है, न ही व्यवस्थित तरीक़े से योजना बना सकता है। वह अपने अन्तर्निहित संसाधनों को न तो पहचान सकता है और न ही उन्हें विकसित कर सकता है और कोई भी ज़िम्मेदारी निभाने में असफल हो जाता है। अपने विचारों को साहसपूर्वक नियंत्रित न करने के कारण ही वह कई मामलों को नियंत्रित नहीं कर पाता और गम्भीरता से निभायी जाने वाली ज़िम्मेदारियाँ नहीं उठा सकता। वह स्वतंत्र रूप से कार्य करने में सक्षम नहीं है, न अपने बूते पर कुछ कर सकता है। बल्कि वह जिन विचारों को पसन्द करता है, उन्हीं पर सीमित रहता है।

त्याग किये बिना कोई भी प्रगति या उपलब्धि नहीं हो सकती। मनुष्य की सांसारिक सफलताएँ उसी अनुपात में होंगी, जितना वह अपने भ्रामक पाशविक विचारों को त्याग देता है और अपने संकल्प और आत्मनिर्भरता को दृढ़ करके, अपने मन को अपनी योजनाओं के विकास के लिए केन्द्रित कर लेता है। वह अपने विचारों को जितना उन्नत कर लेता है, उतना ही सदाचारी, ईमानदार और पौरुषयुक्त बन जाता है और उसे उतनी ही अधिक सफलता मिलेगी, उसकी उपलब्धियाँ उतनी ही सुखदायी और टिकाऊ होंगी।

यह ब्रह्माण्ड लोभी, बेईमान, झूठे और शातिर लोगों के पक्ष में नहीं रहता, हालाँकि सतही तौर पर कभी-कभी ऐसा प्रतीत होता है। वह सच्चे, उदार और ईमानदार लोगों की मदद करता है। हर युग के महान शिक्षकों ने अलग-अलग शब्दों में इस बात की घोषणा की है और इस बात की पुष्टि करने और उसे जानने के लिए मनुष्य को अपने विचारों को उन्नत करके, खुद को ज़्यादा से ज़्यादा सदाचारी बनाने के लिए कटिबद्ध होना पड़ेगा।

बौद्धिक उपलब्धियाँ उन विचारों का परिणाम हैं जो ज्ञान की खोज के लिए अथवा जीवन और प्रकृति में सौन्दर्य और सत्य के प्रति समर्पित हैं। कभी-कभी ऐसी उपलब्धियाँ अभिमान और महत्त्वाकांक्षा से भी सम्बन्धित होती हैं परन्तु ये उन विशिष्टिताओं के परिणाम नहीं हैं बल्कि वे लम्बे समय तक किये गये कठिन प्रयास तथा पवित्र और निःस्वार्थी विचारों के स्वाभाविक परिणाम हैं।

पावन आकांक्षाओं की पूर्ति ही आध्यात्मिक उपलब्धियाँ हैं, जो उन्नत और महान विचारों की संकल्पना में निरन्तर रहता है, जो हर शुद्ध और निःस्वार्थ वस्तु में बसता है-जिस प्रकार सूर्य अपनी पराकाष्ठा और चन्द्रमा अपने पूर्णत्व तक पहुँचता है, निःसंदेह ऐसा मनुष्य अपने चरित्र में विवेकशील और उदात्त बन जाता है और प्रभावशाली एवं सौभाग्यशाली स्थिति तक पहुँच जाता है।

किसी भी प्रकार की उपलब्धि प्रयास का प्रतिफलन और विचारों का सिरताज है। आत्मनियंत्रण, संकल्पना,

परिशुद्धता नीतिपरायणता और सही दिशानिर्देशित विचारों की सहायता से मनुष्य का उत्थान होता है। पशुता, निष्क्रियता, अशुद्धता, भ्रष्टाचार और भ्रामक विचार मनुष्य के पतन का कारण होते हैं।

मनुष्य संसार में उच्च कोटि की सफलता हासिल कर सकता है और आध्यात्मिक क्षेत्र में भी बुलन्दियों तक जा सकता है परन्तु अभिमानी, भ्रष्ट और स्वार्थी विचारों को अपने ऊपर हावी होने देने पर फिर से वह निर्बलता और दुर्भाग्य के गर्त में गिर जाता है।

सही विचार द्वारा प्राप्त विजय को सजगता से बरक़रार रखा जा सकता है। सफलता के प्रति आश्वस्त रहने पर वे एहतियात नहीं बरतते और शीघ्र ही असफलता की ओर फिसलने लगते हैं।

सभी उपलब्धियाँ, चाहे वह व्यावसायिक, बौद्धिक या आध्यात्मिक जगत की हों, वे निश्चित रूप से प्रत्यक्ष विचारों के परिणाम हैं, जो एक ही नियम द्वारा शासित हैं और एक ही तरीक़े के हैं। उसमें अन्तर केवल उपलब्धि के विषय का होता है।

वह जो कम हासिल करना चाहता है उसे कम त्याग करना पड़ेगा। वह जो अधिक प्राप्त करना चाहता है, उसे अधिक त्याग करना पड़ेगा और जो उच्चतम को प्राप्त करना चाहता है, उसे महान त्याग करना पड़ेगा।

6

परिकल्पनाएँ और आदर्श

स्वप्नद्रष्टा विश्व के उद्धारक होते हैं। जिस तरह अदृश्य संसार दृश्य संसार को सम्भाले रखता है, इसी प्रकार अपनी तमाम तकलीफ़ों, गुनाह और घृणित कार्यों की वजह से मनुष्य अपने एकमात्र स्वप्नद्रष्टा के सुन्दर दृश्यों से पोषित होता है। मानवता अपने स्वप्नद्रष्टाओं को भूल नहीं सकती; वह उनके आदर्शों को धूमिल होकर मिटने नहीं दे सकती। वह उन्हीं में जीवित रहती है; और वह उन्हें उन वास्तविकताओं के रूप में जानती है, जिन्हें वह एक दिन देखेगी और जानेगी।

रचयिता, मूर्तिकार, चित्रकार, कवि, पैग़म्बर, संत-ऋषि सभी परलोक के सृष्टिकर्ता हैं-स्वर्ग के वास्तुकार। विश्व इसीलिए सुन्दर है, क्योंकि वे लोग इसका हिस्सा रहे हैं। उनके बिना संघर्ष करने वाली मानवता नष्ट हो जायेगी।

जो अपने हृदय में सुन्दर परिकल्पना और उच्च आदर्श संजोता है, वही एक दिन उन्हें साकार कर सकता है। कोलम्बस ने एक अन्य विश्व की परिकल्पना संजोयी और उसे खोज भी निकाला; कोपरनिकस ने अनेक विश्व और विस्तृत ब्रह्माण्ड की परिकल्पना संजोए रखी और उन्हें उजागर किया; भगवान बुद्ध ने निष्कलंक सौंदर्य एवं उत्तम शांतिपूर्ण आध्यात्मिक विश्व की परिकल्पना का अवलोकन किया और उसमें प्रवेश भी किया।

अपने स्वप्नों को संजोए रखो, अपने आदर्शों को संजोए रखो, अपने हृदय को प्रेरित करने वाले संगीत को संजोए रखो, क्योंकि आपके मन में आकार लेती हुई सुन्दरता, आपके विचारों को आच्छादित करने वाला माधुर्य तथा सारी आनन्ददायी परिस्थितियाँ इन्हीं में से विकसित होंगी और स्वर्गीय वातावरण का विकास होगा। यदि इन सबके प्रति आप सच्चे हैं तो अंत में आपके विश्व का निर्माण हो जायेगा।

इच्छा रखने का अर्थ है-उसे प्राप्त करना। आकांक्षा रखने का अर्थ है-उसकी उपलब्धि। क्या मनुष्य की निम्नतम स्तर की इच्छाओं की तुष्टि पूरी तरह से हो जायेगी और उसकी पवित्रतम अभिलाषाएँ प्रोत्साहन की कमी के कारण दम तोड़ देंगी?-विधान ऐसा नहीं है। "माँगो और पाओ," के सन्दर्भ में इच्छाओं की ऐसी दशा कभी नहीं हो सकती।

उदात्त स्वप्नों की कल्पना करो-तुम जैसे स्वप्नों की कल्पना करते हो, वैसे ही बन जाते हो। भविष्य की तुम्हारी कल्पना में इस बात की आशा है कि तुम एक दिन क्या बनोगे? तुम्हारे आदर्श इस बात की भविष्यवाणी हैं कि आख़िरकार तुम क्या अनावृत करोगे।

बड़ी से बड़ी उपलब्धि भी शुरू में, एक समय स्वप्न ही थी। इतना बड़ा बरगद का पेड़ भी प्रसुप्त अवस्था में बीज में ही निहित था, चूज़ा भी अण्डे में प्रतीक्षा करता है, और आत्मा की उच्चतम कल्पनाशक्ति में एक जाग्रत फ़रिश्ता प्राण डालता है। स्वप्न असलियत के बीज हैं।

आपकी परिस्थितियाँ प्रतिकूल हो सकती हैं, परन्तु आप यदि किसी आदर्श को नज़र में रखें और उस तक पहुँचने की कोशिश करें तो परिस्थितियाँ अधिक समय तक प्रतिकूल नहीं रहेंगी। आप अपने अंतरतम की यात्रा करते हुए बाहर अविचल नहीं रह सकते। यहाँ उदाहरण है एक युवक का, जो ग़रीबी और परिश्रम से दबा हुआ है, किसी भी प्रकार के कार्य के लिए परिष्कृत नहीं है, अप्रशिक्षित है और जिसे लम्बे समय तक ऐसी जगह काम करना पड़ता है जहाँ का वातावरण स्वास्थ्य के अनुकूल नहीं है। फिर भी, वह बेहतर चीज़ों की कल्पना करता है। वह बुद्धिमत्ता, परिष्कृति, अनुग्रह और सौंदर्य के बारे में सोचता है। वह जीवन की एक आदर्श परिस्थिति के बारे में कल्पना करके, उसे मानसिक रूप से निर्मित करता है। प्रशस्त स्वतंत्रता और विस्तृत कार्यक्षेत्र की परिकल्पना उस पर अपना अधिकार जमा लेती हैं। उसकी व्याकुलता उसे कार्य के लिए प्रेरित करती है और वह अपने बचे हुए सारे समय तथा साधनों को अपनी अव्यक्त शक्ति एवं संसाधनों के विकास में लगा देता है। शीघ्र ही उसका मन इस तरह परिवर्तित हो जाता है कि उस कार्यशाला में अब उसका मन नहीं लगता। उसका मन अपनी मानसिकता के साथ सामंजस्य न बैठा पाने के कारण, उसके जीवन से इस तरह हट जाता है, जिस तरह पहने हुए वस्त्र को मनुष्य उतार फेंकता है; और अवसरों के बढ़ने के कारण, जो उसकी बढ़ती हुई शक्तियों के कार्यक्षेत्र में योग्य बैठती हैं, वह उसमें से हमेशा के लिए निकल जाता है। वर्षों बाद, हम इस नवयुवक

को एक वयस्क के रूप में पाते हैं। हम उसे मन की कुछ विशेष शक्तियों के स्वामी के रूप में पाते हैं, जिनका उपयोग वह विश्वव्यापी प्रभाव और लगभग अद्वितीय शक्ति के साथ करता है। वह अपने हाथों में विशालकाय ज़िम्मेदारियों की डोर थामे हुए है। उसकी वाणी सुनकर...जीवन बदल जाते हैं! स्त्री और पुरुष उसके शब्दों का अनुसरण करके अपने चरित्र में सुधार करने लगते हैं, वह सूर्य की भाँति अटल और ऐसा प्रकाशवान केन्द्र बन जाता है, जिसके चारों ओर असंख्य नियतियां परिक्रमण करती हैं। उसने अपने युवावस्था के विज़न यानी परिकल्पना को साकार कर लिया है। अपने आदर्श के साथ वह एकाकार हो गया है।

हे युवा पाठकों! आप भी अपने हृदय की परिकल्पना (निराधार इच्छा नहीं) को साकार करेंगे, चाहे वह निम्न स्तर की हो या सुन्दर अथवा दोनों प्रकार की मिलीजुली। आपका आंतरिक झुकाव सदा ही उसकी ओर होगा, जिसे आप चोरी छिपे मन में सबसे ज़्यादा चाहते हैं। आपके विचारों का अक्षरशः परिणाम आपके हाथों में रखा जायेगा। आपको वही मिलेगा जो आपने कमाया है-न उससे कम, न उससे ज़्यादा। आपका वर्तमान वातावरण चाहे कुछ भी हो, आपके अपने विचारों, आपके आदर्श, आपकी परिकल्पना के साथ ही आपका उत्थान या पतन होगा। अपने पर हावी इच्छा के अनुकूल, अपनी नगण्य अथवा प्रभावी महत्त्वाकांक्षा के अनुकूल ही आप महान बनते हैं। स्टेन्टॅन डेविस कर्कहम के शब्दों में, "आप अपने कर्मों का लेखाजोखा रखते होंगे,

और अब तक जो आपके आदर्शों के बीच की रुकावट बन रहे थे, उस द्वार से चल कर आप निकल जायेंगे और स्वयं को ऐसे दर्शकगण के सामने पायेंगे-क़लम अभी भी आपके कान के पीछे होगी, हाथों पर स्याही के धब्बे और तभी वहाँ आपकी प्रेरणा बौछार के रूप में फूट पड़ेगी। आप भले ही भेंड़े चरा रहे होंगे और कभी ग्रामीण देहाती की तरह शहर में चकित होकर, मुँह बाये हैरान निरुद्देश्य घूम रहे होंगे। इसी प्रकार अपनी आत्मा के निर्भीक मार्गदर्शन में आप अपने गुरु के कक्ष में पहुँच जाते हैं-और कुछ समय बाद वे कहेंगे, 'तुम्हें सिखाने के लिए अब मेरे पास और कुछ नहीं है।' अब आप, गुरु बन गये हैं जो अभी कुछ देर पहले तक भेड़ें चराते समय महान चीज़ों के स्वप्न देखा करता था। इस संसार के पुनरुत्थान के कार्य को अपने ऊपर लेने के लिए आपको आरी और रंदा छोड़ देना पड़ेगा।"

विचारविहीन, अनभिज्ञ और अकर्मण्य मनुष्य केवल संयोग, सौभाग्य और अवसर की बातें करते हैं, वे वस्तुओं को नहीं बल्कि उनके प्रत्यक्ष प्रभावों को ही देखते हैं। किसी मनुष्य को धनवान होते देख कर वे कहते हैं, "वह कितना सौभाग्यशाली है!" किसी अन्य की बुद्धिमत्ता को देख कर वे चिल्ला उठते हैं, "भाग्य ने उसकी कितनी सहायता की है!" इसी तरह किसी दूसरे के संतसुलभ चरित्र और सर्वसामान्य जनता पर उसके गहरे प्रभाव को देख कर वे टिप्पणी करते हैं, "देखो! जीवन के हर मोड़ पर संयोग कैसे उसकी मदद करता है!" इन पुरुषों ने अपने उस अनुभव को पाने के

लिए, स्वेच्छा से जिन संघर्षों, असफलताओं और मुसीबतों का सामना किया है, वे उन्हें नहीं देखते। उन्हें, उन लोगों के द्वारा किये गये त्याग और निर्भीक प्रयासों का कोई ज्ञान नहीं है कि किस तरह से उन्होंने प्रत्यक्ष रूप से ऐसी स्थिति-जिस पर पार न पाया जा सके, पर अपनी श्रद्धा और विश्वास को बनाये रखा है, कि वे उस पर विजय प्राप्त करेंगे और अपने हृदय की परिकल्पना को साकार करेंगे। वे लोग उनके मन की व्यथा और अंधकार को नहीं जानते। वे केवल उस बाहरी उत्साह और प्रकाश को ही देख पाते हैं, जिसे वे 'भाग्य' का नाम दे देते हैं। वे लोग मुसीबतों से भरी उनकी लम्बी यात्रा नहीं देख पाते बल्कि केवल सुहावने लक्ष्य को देख कर कहते हैं- 'कैसी खुशकिस्मती!' वे कष्टों से भरी इस प्रक्रिया को नहीं समझते, केवल परिणाम को देखकर उसे संयोग मान लेते हैं।

सभी मानवीय मामलों में प्रयास और परिणाम होते हैं और प्रयास की दृढ़ता ही परिणाम का परिमाण है-संयोग नहीं। शक्तियाँ, भौतिक, बौद्धिक, आध्यात्मिक सम्पत्ति रूपी 'उपहार' प्रयास के वे फल हैं-जो पूर्ण किये विचार, पूरे किये गये लक्ष्य और साकार की गयी परिकल्पनाएँ हैं।

जिस परिकल्पना को आप अपने मन में गौरवान्वित करते हैं, जिस आदर्श को आप अपने हृदय के सिंहासन पर आसीन करते हैं-इसी के द्वारा आप अपने जीवन को निर्मित करेंगे और यही आप बनेंगे।

7

प्रशान्ति

बुद्धिमानी का एक बहुमूल्य सुन्दर रत्न मन की शान्ति है। यह लम्बे समय तक धैर्यपूर्वक किये गये आत्मनियंत्रण के प्रयास का परिणाम है। इसकी मौजूदगी परिपक्व अनुभव का संकेत है और विचार के नियमों और उनके संचालन के सामान्य से कहीं अधिक है।

मनुष्य उसी अनुपात में शान्त रहता है जितना कि वह स्वयं को विचारों द्वारा विकसित जीव समझता है, क्योंकि ऐसे ज्ञान के लिए दूसरों के बारे में यह समझना जरूरी हो जाता है कि वे लोग उनके खुद के विचारों का परिणाम हैं। और जैसे-जैसे वह सही समझ विकसित कर लेता है तथा कारण और प्रभाव के फलस्वरूप अधिकाधिक स्पष्टता से वस्तुओं के आपसी सम्बन्धों को देख सकता है; वह संतुलित, स्थिर और शान्त बना रहता है तथा ज़रा-ज़रा सी बात पर परेशान और दुःखी होकर, आग बबूला हो जाना और बात का बतंगड़ बनाना बन्द कर देता है।

शान्त प्रवृत्ति का मनुष्य, खुद को क़ाबू में रखना सीख कर, यह जान लेता है कि खुद को दूसरों के अनुकूल कैसे बनाया जाये। बदले में, वे उसकी आध्यात्मिक शक्ति का सम्मान करते हैं और महसूस करते हैं कि वे उससे कुछ सीख सकते हैं और उस पर भरोसा कर सकते हैं। मनुष्य

जितना ही भीतर से शान्त होता जाता है, भलाई के प्रति उसकी सफलता, उसका प्रभाव और उसकी शक्ति उतनी ही अधिक होती जाती है। एक सामान्य व्यापारी भी अनुभव करेगा कि जैसे-जैसे वह आत्मनियंत्रण और धीरज विकसित करता है, अपने व्यापार में वह उतनी ही अधिक सम्पन्नता प्राप्त करता है, क्योंकि लोग सदा ही ऐसे मनुष्य के साथ सम्बन्ध रखना पसन्द करेंगे जिसका आचरण प्रभावशाली रूप से संयमित होता है।

शांत और प्रभावशाली मनुष्य सदा ही सम्मान और स्नेह का पात्र होता है। वह प्यासी धरती पर छायादार वृक्ष या तूफ़ान में आश्रय देने वाली चट्टान के समान है। शान्त चित्त हृदय, मधुर स्वभाव और सन्तुलित जीवन को भला कौन नहीं चाहेगा? इससे फ़र्क नहीं पड़ता कि बरसात है या धूप या जिनके पास ऐसे आशीर्वाद हैं उनमें क्या परिवर्तन आ रहे हैं, क्योंकि वे सदा की आकर्षक, मधुर और शान्त बने रहते हैं। चरित्र का वह उत्कृष्ट संतुलन, जिसे हम प्रशान्तता कहते हैं-संस्कृति का अन्तिम अध्याय है, आत्मा का फलन है। यह उतना ही मूल्यवान है जितना कि विवेक, जो सोने से भी या खरे सोने से भी अधिक वांछित है। एक प्रशान्त जीवन के मुक़ाबले, केवल धन के पीछे भागना कितना निरर्थक है-लहरों के नीचे, समुद्री तूफ़ानों की पकड़ के परे, ऐसा जीवन जो सत्य के महासागर में वास करता है-शाश्वत प्रशान्ति में!

हम ऐसे कितने ही लोगों को जानते हैं जो अपने जीवन को कटुता से भर लेते हैं और अपने विस्फोटक स्वभाव से

जीवन में उस सबका सर्वनाश कर लेते हैं जो सुन्दर और मधुर है, जो अपने चरित्र के संतुलन को बरबाद करके दुश्मनी मोल ले लेते हैं! प्रश्न यह है कि आत्मनियंत्रण के अभाव में, क्या अधिकांश मनुष्य अपनी खुशियों को ख़त्म कर, अपने जीवन को बरबाद नहीं कर लेते। अपने जीवन में हम केवल कुछ एक ही ऐसे लोगों से मिलते हैं जो पूरी तरह से संतुलित हैं और जिनके पास वह उत्कृष्ट शालीनता होती है जो परिष्कृत चरित्र का विशेष लक्षण है!

हाँ, मानवता जैसे अनियंत्रित भावावेश से उमड़ती है, बेलगाम दुःख से उत्तेजित होकर संदेह और चिन्ता से इधर-उधर थपेड़े खाती है; वहीं, केवल एक विवेकशील मनुष्य, जिसके विचार शुद्ध और नियंत्रित हैं अपनी आत्मा की हवाओं और आँधियों को आज्ञापालन के लिए मजबूर कर लेता है।

समुद्री तूफ़ानों में हिचकोले खायी हुई आत्माओं! आप चाहे कहीं पर भी हों, चाहे कैसी भी परिस्थितियों में आप रहते हों, जान लें-जीवन रूपी भवसागर में आशीर्वाद रूपी टापू मुस्करा रहे हैं और आपके आदर्श के उज्ज्वल तट आपके आने की राह देख रहे हैं। अपने विचार रूपी पतवार पर अपनी पकड़ मज़बूत रखिये। आपकी आत्मा की गहराइयों में, आदेश देने वाला मालिक लेटा हुआ है। वह है, लेकिन सुप्त अवस्था में है: उसे जाग्रत करो! आत्मनियंत्रण मनोबल है, सही विचार निपुणता है, प्रशान्तता शक्ति है। अपने हृदय में यह भाव बनायें-

"नीरव शान्ति; शान्त बने रहें!"

•••

www.ingramcontent.com/pod-product-compliance
Lightning Source LLC
LaVergne TN
LVHW041001150826
845672LV00002B/809

* 9 7 8 9 3 5 4 8 6 2 6 5 6 *